Johan August Schlettwein

Die Universität in ihrem wahren Flore

Johan August Schlettwein

Die Universität in ihrem wahren Flore

ISBN/EAN: 9783743612938

Hergestellt in Europa, USA, Kanada, Australien, Japan

Cover: Foto ©ninafisch / pixelio.de

Manufactured and distributed by brebook publishing software (www.brebook.com)

Johan August Schlettwein

Die Universität in ihrem wahren Flore

Die
Universität
in

ihrem wahren Flore

patriotisch abgebildet

von

Johann August Schlettwein.

Jena,
verlegt bey Joh. Adam Melchiors sel. Wittbe.
1763.

Dem
Durchlauchtigsten Fürsten und Herrn
HERRN
Friedrich,
Herzogen zu Mecklenburg,
Fürsten zu Wenden, Schwerin,
und Ratzeburg, auch Grafen zu
Schwerin, der Lande Rostock
und Stargard Herrn ꝛc. ꝛc.

Meinem gnädigsten Fürsten
und Herrn.

Durchlauchtigster Herzog,

Gnädigster Fürst und Herr!

Die grosse Vorsorge, durch welche Ew. Herzogl. Durchl. den Flor der Wissenschaften, und ihren gesegneten Einfluß er die Wohlfahrt der menschlichen Gesellschaft in HöchstDero Provinzen mächtigst befördern, erfüllet die Welt mit der reinesten Ehrfurcht, und wird noch den Herzen der spätesten Nachkömmlinge die sanftesten Rührungen der Dankbarkeit einflössen. Mein Herz ist so sehr dadurch in Bewegung gesetzet, daß ich der Kühnheit nicht widerstehen kann, Ew. Herzogl. Durchl. gegenwärtige kleine Schrift als ein un-

geheu-

geheucheltes Merkmal davon in Unterthänigkeit zu Füſſen zu legen. Ich habe einen Verſuch gemachet, eine hohe Schule in ihrem wahren Flore nach meinen geringen Kräften abzuſchildern; und wenn ich ſo glücklich ſeyn ſollte, einige Züge in ihrem ächten einnehmenden Reize gemahlet zu haben, ſo bin ich blos durch die Betrachtung der preißwürdigſten Anſtalten darauf geführet worden, durch welche Ew. Herzogl. Durchl. Höchſt-

Deroselben neuen Universität zu Bützow das vortreflichste Ansehen verschaffen. Die gnädigste Aufmerksamkeit, deren Ew. Herzogl. Durchl. noch allemal den Eifer der Verehrer der Weisheit, zum Besten der Welt etwas beyzutragen, besonders aber den erhabenen Gegenstand meiner kleinen Schrift gewürdiget haben, lässet mich nicht zweifeln, daß Höchst-Dieselben das geringe Opfer meiner unterthänigsten Ehrfurcht huldreichst

reichst aufzunehmen, und meinen Bemühungen HöchstDeroselben gnädigstes Wohlgefallen zu schenken geruhen werden. Ich aber werde nicht aufhören, die Vorsehung des Höchsten für Ew. Herzogl. Durchl. unveränderliches Wohl, für die vollkommenste Dauer HöchstDero unschätzbaren und zum Vortheil der Weisheit und Tugend segenreichen Lebens, und für den Flor HöchstDeroselben Durchl.

A 5 Hau=

Hauses inbrünstig anzuflehen, und unter diesen reinesten Wünschen mit tiefster Ehrfurcht zu verharren

Durchlauchtigster Herzog,
Gnädigster Fürst und Herr,

Ew. Herzogl. Durchl.

Jena den 1. Sept.
1762.

unterthänigster Knecht
Johann August Schlettwein.

Die Universität

in

ihrem wahren Flore.

Es ist zwar die Ehre und Grösse eines Regenten schon eine Folge der Veranstaltungen, dadurch er seine Länder erhält, beveſtiget, und glücklich machet; allein die Hoheit und die aus der innern Ueberzeugung grosser Thaten herrührende Glückseligkeit eines Fürsten, mag wohl in dem Falle zur grössesten Höhe steigen, wenn er auch fremden Staaten

die Proben seiner Huld empfinden lässet. Ich will jetzt die verschiedenen Wege nicht ausforschen, wie ein grosser Regent auch fremden Unterthanen durch seine Gnade preiswürdig werden kann. Vielleicht aber dürfte diese Arbeit, wenn sie von einem erhabenen Geiste unternommen würde, den würdigsten Vorstehern der Staaten nicht unangenehm seyn. Nur dies will ich jetzt berühren, daß die Anlegung und weise Einrichtung einer Universität eines von denen Werken sey, dadurch sich ein Fürst als einen Vater seines Volkes und der spätesten Nachkömmlinge desselbigen, und als einen liebenswürdigen Freund fremder Staaten zeigen kann. Der Nutzen, den eine regelmäßig eingerichtete Universität, sowohl dem Staate, in welchem sie blühet, als auch andern Ländern bringet, ist sehr beträchtlich, und dem vernünftigen Theile der Welt genugsam bekannt. Ich habe mir daher vorgesetzt, die Gedanken, die ich in der Stille von der guten Einrichtung einer Universität, und den Vortheilen, die aus derselbigen entspringen, abgefasset habe, hier bekannt zu machen. Ich mache mir zwar nicht
die

die schmeichlerische Hofnung, daß vielleicht meine Vorschläge bald in Ausübung werden gebracht werden. Ich erkenne vielmehr allzulebhaft, daß Vorschläge derer, die von meinem Stande sind, nur gar zu selten in die Herzen der Mächtigen hinein dringen. Ich habe aber meine Absicht erreichet, wenn meine Gedanken des Beyfalles wahrer Patrioten nicht unwürdig befunden werden, und einem höhern Nachdenken nur einigen Stoff, oder doch wenigstens Anlaß zur Verbesserung eines der wichtigsten Gegenstände in einem Städte darreichen.

Die Absicht bey der Einrichtung einer Universität ist sehr zusammen gesetzt. Wenigstens muß sie es immer seyn. Eine brauchbare Erkänntniß und gute Sitten der Jugend; der Flor nüzlicher Wissenschaften, und der Reichthum des Staates müssen das Augenmerk aller Verfassungen einer Universität seyn. Ich kann also die Grundregel bilden, daß eine Universität dergestallt eingerichtet werden müsse, daß die Jugend so leicht und bequem als möglich zu einer nutzlichen Erkänntniß und vortreflichen Sitten kommen kann; daß die Wissenschaften immer mehr und mehr in Flor kommen, und daß das Vermögen und der Reichthum des Staates vermehret werde. Sobald man auf einer Universität eine Verfassung vorschläget, welche diesen Absichten zuwider ist, sobald zeiget man sich als einen offenbaren Feind des Staates und des Fürsten. Man verdienet die Verachtung der Patrioten.

Ich will demnach drey Haupt-Aufgaben auflösen, einmal: Wie muß eine Universität eingerichtet werden, wenn die Jugend zu einer brauchbaren und nützlichen Erkänntniß kommen soll? zum andern: Was sind für Anstalten zu machen, um das Aufnehmen der Wissenschaften selbst zu befördern? Drittens: Was sind für Einrichtungen zu machen, damit der Reichthum des Staates durch die Universität vermehret werde?

Wenn die Jugend auf einer Universität zu einer nützlichen Erkäntniß und anständigen Sitten

in ihrem wahren Flore.

ten gelangen soll, so werden nicht nur in allen Wissenschaften vollkommene Lehrer und Vorgänger in einem vollkommenen Leben erfordert, sondern es müssen auch solche Anstalten gemachet werden, daß die Jugend die Lehrer fleißig besuchet, die Wissenschaften nützlich treibet, und sich durch preiswürdige Sitten hervor thut. So wenig als geschickte und vollkommene Lehrer im Stande sind, nachläßigen Jünglingen eine brauchbare Erkänntniß in den Wissenschaften mitzutheilen: Eben so wenig können die lehrbegierigsten und die in Erlernung der Wissenschaften eifrigsten Anfänger aus dem Vortrage solcher Lehrer Nutzen schöpfen, denen die vorzüglichsten Vollkommenheiten eines Lehrers fehlen.

Ich will demnach zuerst einen vollkommenen und seinen Schuldigkeiten genugthuenden akademischen Lehrer schildern. Er muß, wenn ich sein Bild dem Wesentlichen nach entwerfen soll, ein Mann von erhabenen Talenten, von edlen Gesinnungen, und grossen Einsichten seyn. Dies sind meines Erachtens die Züge, ohne welche

nie-

niemals die Würde eines akademischen Lehrers in ihrem wahrhaften Glanze prangen kann.

Es muß ein solcher Lehrer in derjenigen Wissenschaft, in welcher er andere unterrichten soll, eine vollständige, deutliche, und gründliche Erkänntniß besitzen, so wie es nach dem Wesen der Wissenschaft möglich ist. Was sollte sich wohl die Jugend von einem Manne versprechen können, der die Lehren seiner Väter nur seinem getreuen Gedächtniß eingepräget hat, und sie auch eben so fertig, als die Nonne den Psalter herzubeten im Stande ist? Von einem Manne, der nie andere Gründe der Wahrheit zu finden weiß, als das Ansehen und den allgemeinen Beyfall der Vorfahren und der gelehrten Zeitverwandten? Von einem Manne, der in dem Gebrauche des Verstandes und der Vernunft unwissend die wahre Gelehrsamkeit in der Geschicklichkeit setzet, dasjenige, was viele Schriftsteller von einer Sache gesaget haben, unter einer Rubrike sammlen, und die Namen von hundert gelehrten Zeugen in einem Odem anführen zu können?

können? Und leider! Wie oft sind nicht Universitäten durch solche Lehrer verunstaltet worden, die nur diesen Titul darum erschlichen, um ein Ansehen zu erlangen, zu welchem ihnen die Unwissenheit, und ihr kleiner Geist, in einer andern Lebensart keine Hofnung machte, und gewisser Einkünfte theilhaftig zu werden, welche sie in einem andern Stande nie erwerben konnten? Ich werde mich gewiß niemals der Schmeicheley so ergeben, daß ich den als einen wahren Patrioten verehren sollte, der seinen Liebling zu einem akademischen Lehramte vorschläget, da er doch sein Unvermögen, diesem Amte pflichtmäßig vorzustehen, genugsam kennet. Wie sollte ich den ehren, der es in der That zeiget, daß er ein Feind des Flores der Wissenschaften, und des guten Rufes einer Akademie ist. Es ist gewiß ein sicherer Grund zu dem Verfall einer Akademie geleget, wenn man bey Bestellung der Lehrämter nicht wahrhaftig gelehrte Männer wählet.

Wie aber unstreitig eine gründliche Erkänntniß weit schätzbarer wird, wenn sie auch praktisch

tisch ist, so müßte man besonders darauf bedacht seyn, auf Akademien nur solchen Männern Lehrämter anzuvertrauen, die in ihrer Wissenschaft mit einer gründlichen Theorie eine gute Praxis verbunden haben. Ich halte dies für einen nicht geringen Mangel einer Universität, wenn ihre Lehrer das, was sie ihren Zuhörern durch den Vortrag bekannt machen, nicht auch anzuwenden im Stande sind. Es ist in der That keine so leichte Sache, die Lehren der Wissenschaften auf ihre bestimmten Fälle anzuwenden. Man hat bey der Anwendung derselbigen Behutsamkeit, Aufmerksamkeit, und daß ich so rede, Handgriffe nöthig, die sich bey weiten so nicht sagen, als zeigen lassen. Ich will von ganz geringen Beyspielen den Anfang machen. Man sehe einmal die Vernunftlehre an. Sie erkläret die Gesetze, richtig und ordentlich zu denken, Wahrheiten zu erfinden, und zu beurtheilen. Man kann diese Regeln leicht fassen, und aus ihren Gründen einsehen. Wie sauer wird es aber nicht den Anfängern, wenn sie nach diesen Regeln einen vollständigen Beweiß von der Wahrheit

heit eines Satzes bilden, oder über diese und jene Sache ordentliche Betrachtungen anstellen sollen. Man denke ferner an die **Redekunst.** Ihre Vorschriften, einen ordentlichen, überzeugenden, und rührenden Vortrag zu thun, sind leicht zu begreifen. Allein demohngeachtet wird es Anfängern schwer, ohne Wegweiser vollkommne, geistliche, oder Staatsreden zu verfertigen. Ich gehe noch weiter. Die **Chymie** zeigt die Gesetze, nach welchen man die Werke der Natur zergliedern, und neue Geburthen aus denselbigen darstellen kann. Die Wahrheit dieser Gesetze läßt sich mit einer völligen Ueberzeugung einsehen, und man wird doch im Anfange die größten Schwierigkeiten finden, wenn man zum Feuer kömmt, um diese Regeln auf bestimmte Fälle anzuwenden. Die Regierung des Feuers, und die rechte Stellung der Gefässe, erfordern eine Behutsamkeit, die man aus einer blossen Theorie nicht leicht erlangen kann. Wie siehet es endlich mit den Haupttheilen der Mathematik, mit den öconomischen Wissenschaften, mit der Arzneykunst und der Rechtsgelehrsamkeit aus? Ist man wohl in einer von diesen Wissenschaften ein glücklicher Practicus, wenn man die Theorie gründlich erlernet hat. Die Erfahrung zeiget, daß man diese Frage verneinen müsse.

Es ist aber bey weiten nicht genug, daß ein akademischer Lehrer eine so vollkommene Erkänntniß in derjenigen Wissenschaft besitzet, die er vortragen soll. Sein wichtiges Amt erfordert noch mehr. Er soll seine Erkänntniß anwenden, um durch seinen Unterricht die Einsichten der Jugend auf eine nützliche Art zu befördern. Wenn nun diese Beschäftigung eine grosse Arbeitsamkeit, ein unverdrossenes Gemüth, und einen verständlichen Vortrag erfordert, so sind auch alle diese Eigenschaften zu der Vollkommenheit eines akademischen Lehrers unentbehrlich. Der gründlichste Gelehrte ist zum akademischen Lehrer ungeschickt, wenn er Fleiß und Arbeit scheuet, oder seine Gedanken nicht ordentlich vortragen kann. Die Lernenden müssen sich bey ihren Lehrern einen beständigen Zugang, und eine unabläßige Bereitwilligkeit, ihre Zweifel zu heben

ben und ihre Fragen aufzulösen, versprechen können. Es muß ein Lehrer mit einem Worte nicht allein auf dem Lehrstuhle, sondern auch in seiner Wohnung und allenthalben zu unterrichten geneigt seyn. Das Vergnügen, Menschen, würdige Menschen, nützliche Bürger, Beförderer der Wissenschaften, Lehrer der Religion und Sitten, Stützen der Wohlfahrt ganzer Völker zu bilden, belohnet seine grosen Bemühungen reichlich.

Was helfen aber alle diese Vollkommenheiten eines akademischen Lehrers, wenn er bey seinem Unterrichte keine kluge Wahl der vorzutragenden Lehren anstellet. Ich will also auch zeigen, wie sich die grose Vorsorge eines Regenten für das Wohl seiner Universität in Absicht auf die Art des Unterrichtes der Lehrer verhält. Ich lege hierbey zwey Sätze zum Grunde, davon der erste dieser ist: Ein Lehrer muß in seinem Unterrichte das Nothwendige, Nützliche, und Ueberflüßige einer Wissenschaft genau zu unterscheiden, und dieses von jenen klüglich abzusondern im Stande und dies zu thun geneigt seyn. Man wird mir gewiß dar-

darinnen beypflichten, wenn ich behaupte, daß der wahre Endzweck eines Weisen bey Erlernung der Wissenschaften blos in Beförderung wahrer Vollkommenheiten, dieser wesentlichen Absicht der Wissenschaften, zu setzen sey. Siehet ein Weiser, daß ihm die Erkänntniß eines Gegenstandes keine Quelle wahrer Güter eröffnet, so hält er es für eine strafbare Verschwendung seiner Kräfte, daß er sich um selbige bewirbet. Muß also nicht ein akademischer Lehrer desto mehr darauf bedacht seyn, daß er der Jugend lauter solche Wahrheiten einpräge, welche Mittel darbieten, zur Glückseligkeit der Menschen etwas beyzutragen? Warum will man auch die Anfänger durch unnöthige Kleinigkeiten in dem Gebrauche ihres Verstandes ermüden? Man machet ihnen die Erlernung dessen, was ihnen vortheilhaft war, durch Einmischung unnützer Subtilitäten sauer, und ersticket ihre Lust, wo sie sollte recht entzündet werden.

Wenn ich nicht befürchten müßte, hier gar zu weitläuftig zu seyn, so könnte ich verschiedene Theile der Gelehrsamkeit durchgehen, und Beyspiele

spiele von dem Nützlichen und Nothwendigen, welches man entweder gar mit Stillschweigen übergehet, oder doch nur gleichsam im Vorbeygehen bemerket, und von den nichtswürdigen Kleinigkeiten, bey denen sich viele aufzuhalten gewohnt sind, anführen. Man denke nur an die Naturwissenschaft, und besonders an die Lehre von der Ausgeburth der Metalle, und überhaupt der Foßilien, ingleichen an die Lehre von dem Wesen und den Veränderungen der Pflanzen, so siehet man die nutzreichsten Theile der Physik, wovon doch die akademischen Lehrer insgemein wenig, oder gar nichts sagen. Allein die Untersuchungen vom leeren Raum, von den Gesetzen des Stosses, und von den Regeln des Falles schwerer Körper, diese Untersuchungen, die in Ansehung ihres Nutzens mit den ersten gar nicht in Vergleich kommen, werden oft bis zum Ekel ausgedehnet.

Man sey ferner auf den vortreflichen Theil der historischen und politischen Wissenschaften, auf die Statistik, aufmerksam. Wie vieles kann man nicht in derselbigen von den Moden der

der häuslichen Lebensart, den Sitten und besondern Gebräuchen einer Nation erzählen? Was lassen sich aber auch nicht für unvergleichliche Beschreibungen von dem öconomischen Zustande eines Volkes, von den Verbesserungen und Hindernissen desselbigen, von den Ursachen seines Flores oder Verfalles mittheilen? Ist denn aber derjenige Lehrer nicht strafbar, der sich mit dem ersten blos zur Belustigung ganze Stunden beschäftiget, und das letzte nur obenhin berühret? Der letzte Gegenstand hat vor dem ersten in der That einen unendlichen Vorzug, und er ist nothwendig, wofern man durch die Känntniß eines Staates die Geschicklichkeit erlangen will, die Mittel zur Glückseligkeit seines Vaterlandes lebhaft einzusehen.

Mein zweyter Satz, durch welchen ich die Vollkommenheit in der Art des Vortrages zu bestimmen suche, ist dieser: **Ein würdiger Lehrer muß die Lehren, die zu ganz verschiedenen Wissenschaften gehören, nicht mit einander vermischen.** Er darf die Sätze, die in seiner Wissenschaft aus einer

ner andern als Erkänntnißgründe vorausgesetzet werden, nicht in dieselbige hineinbringen. Wenn eine Regel für akademische Lehrer wichtig ist, so ist es gewiß diese. Ein Lehrer muß auf gar keine Weise Anlaß geben, daß die studierende Jünglinge eine unvollständige, oder gar eine verwirrte und seichte Erkänntniß von dem wesentlichen Inhalte der Wissenschaften bekommen. Denn eben diese unvollkommenen Einsichten sind der Grund davon, daß man in keiner einzigen Wissenschaft jemals einen wahren und nützlichen Gelehrten erlangen wird. Was wirket denn aber dieses Verfahren, wenn ein Lehrer nicht in den wesentlichen Grenzen seiner Wissenschaft bleibet, sondern Dinge erkläret, die zum nothwendigen Inhalte einer ganz andern Wissenschaft gehören, und vielleicht in der ersten nur als Erkänntnißgründe vorausgesetzet werden müssen? Ist es vielleicht Vollkommenheit in der Erkänntniß? Nein! Verwirrung und seichte Einsichten in einen ganz kleinen Theil einer Wissenschaft, die man, um in der andern ein gründlicher Gelehrter zu werden, ganz hätte wissen müssen, sind die Folgen dieser

ser unglücklichen Lehrart. Man giebt der Trägheit vieler Studierenden, diejenige Wissenschaft, die in einer andern nothwendig vorausgesetzet wird, aus dem Grunde zu erlernen, nur mehr Nahrung, und setzet sich in die nachtheilige Nothwendigkeit, die eigenen Lehren der Wissenschaft, die man zu erklären verpflichtet war, nur kurz und unvollkommen durchzugehen. Alle redlich gesinnte Verehrer der Wissenschaften haben die triftigsten Ursachen, sich dieser Lehrart mit allen Kräften entgegen zu setzen, ehe sie, wie es häufig zu befürchten ist, ganz Mode wird, und die Welt mit seichten Köpfen, und Halbgelehrten überschwemmet. Was thut man, daß ich mich eines einzigen Beyspieles bediene, der Physik für Dienste, wenn man die abstracten Lehren vom Körper und der Bewegung, die ganz unumgänglich nothwendig zur Metaphysik und Dynamik gehören; die hydrostatischen Lehren vom Gleichgewichte fester und flüßiger Körper, die gesamten optischen Wissenschaften, in der Naturlehre erkläret? Zum Theil sind es Dinge, welche die wirklichen Kräfte der Natur gar nicht angehen, von welchen man doch nur

in

in der Physik handeln mußte; zum Theil können sie gar nicht mit einer vollkommenen Ueberzeugung erkannt werden, wenn man die Wissenschaft, zu welcher sie wesentlich gehören, nicht vorher vollständig gefasset hat; endlich entziehet man sich selbst durch solche fremde Lehren die Zeit, welche man auf die unentbehrlichsten Theile der Physik, nemlich auf die Naturlehre der Foßilien, der Pflanzen, der Thiere und des Luftreiches hätte verwenden müssen.

Wie sollen aber diese beyden Vorschriften von den akademischen Lehrern am genauesten erfüllet werden? Es würde in der That das Beste seyn, daß die Grossen, welche ihre Universitäten blühend machen wollen, in einer Prälectionsordnung, die von wahrhaftig grossen Männern entworfen worden, die Hauptpunkte der Wissenschaften bestimmten, mit welchen sich akademische Lehrer vorzüglich beschäftigen müssen. Man müßte den akademischen Lehrern den Grundriß von den wesentlichen und nützlichen Punkten der Wissenschaften vorlegen, und sie verpflichten, nach denselbigen ihre Vorlesungen einzurichten. Wenn doch ein erhabener Geist einen Entwurf zu einer solchen akademischen Vorlesungsordnung bilden, und der Welt mittheilen wollte!

Es wird aber ein Lehrer seinen Zuhörern vorzüglich nützlich, wenn er öfters Unterredungen mit ihnen über die erklärten Lehren anstellet, und auf diese Art aus den Begriffen seiner Zuhörer Gelegenheit nimmt, ihnen die Sache deutlich zu machen, und die Gründlichkeit ihrer Erkänntniß zu vergrössern. Würde also wohl ein Vorsteher der Universitäten mehr zum Nutzen der Studierenden beytragen, als wenn er die Lehrer verpflichtete, wöchentlich wenigstens ein paarmal die erwähnte Uebung mit ihren Zuhörern in den Wissenschaften des Verstandes zu unternehmen?

Wir kennen nun einen akademischen Lehrer seinen Einsichten nach; wir wissen, wie er sie zum Vortheil der studierenden Jugend anwenden muß. Ich fordere nun noch, daß er auch durch ein

erhabenes Genie und ein edles Herz groß sey.
Ein Mann von diesen Qualitäten brennet nicht
nur von dem stärksten Eifer, die Wissenschaften
zum Vortheil der menschlichen Gesellschaft anzuwenden, sie mit nutzreichen Erfindungen zu erweitern, und seinen Zuhörern immer neue Wege zur wahren Weisheit und Ehre zu eröffnen,
sondern er ist auch fähig, den Zweck dieses Ei-
fers glücklich zu erreichen. Da in seinen Unternehmungen die Merkmale grosser und der menschlichen Seele würdiger Endzwecke abgebildet sind,
so ist er immer geschickt, die Aufmerksamkeit der
studierenden Jugend auf erhabene Gegenstände
zu lenken, und ihnen unvermerkt ein überwie-
gendes Vergnügen an nützlichen Wahrheiten
und an der Ausübung der Tugend einzuflössen.
Was ist aber ein Lehrer ohne grosses Genie?
Die Fähigkeiten seines Geistes arbeiten sich in
solchen Dingen müde, die weder dem Verstande zur Ehre, noch den Wissenschaften zur Aufnahme, noch auch den Menschen zum Besten
gereichen. Die kleinen Fähigkeiten drücken sich
insgemein in ihrer oft lächerlichen Anwendung
so deutlich ab, daß selbst studierende Jünglinge,

denen

denen die Natur Talente verliehen, zum Mitleiden und gar zur Verachtung bewogen werden. Wird nicht ein solcher Lehrer Schüler bilden, die ihm in der unbrauchbaren Erkänntniß vollkommen gleich sind. Er ist nicht bestimmt, gelehrte Patrioten, sondern nur unbrauchbare Namensgelehrte zu erziehen, die, wie ihr Lehrer, aus einer Grille mit tieffsinniger Mine eine andere schliessen, die der ersten vollkommen gleichgültig ist; die vor die offenbarsten Wahrheiten mathematische Beweißthümer suchen, oder welche, indem sie die Figuren der Nachtmützen der alten Teutschen mühsam beschreiben, sich schmeicheln, der Welt und den Wissenschaften einen grossen Dienst geleistet zu haben.

Was ist endlich ein akademischer Lehrer, wenn er durch keine Empfindungen einer edlen Seele belebet wird? Wird denn dieser der Jugend ein Muster eines verehrungswürdigen Menschen seyn können? Wird er praktisch zeigen können, wie man die Wissenschaften zur wahren Glückseligkeit der Menschen und zur Verherrlichung der Ehre GOttes anwenden soll? Nein! Er richtet

durch

durch die Früchte seines unedlen Herzens mehr
Verderben an, als er durch seine auch wohl an
sich schöne Lehren Vortheil schaffet: Der Ei-
gennutz, der Neid, der Haß, der Verfolgungs-
geist eines Lehrers theilet sich der allzubiegsamen
Seele seines Lehrlinges sehr bald mit, und machet auch diesen zu wirklichen Schandthaten fähig. Es fällt mir hier ein Exempel ein, welches mir nicht vor gar langer Zeit einer meiner
Gönner in W.** erzählete. Er hatte auf der
Universität einen guten Freund gehabt, der sich
bloß darum unter den Lehrern grosse Feinde zu-
gezogen, weil er sich auf das äusserste bestre-
bete, wahre Verdienste zu erlangen, und der Welt
vorzüglich nützlich zu seyn. Man gab auf alle
Handlungen und Begebenheiten dieses Mannes
Achtung, um nur Gelegenheit zu bekommen,
ihm Schaden zuzufügen. Endlich meldete sich
ein Student bey einem Feinde dieses Mannes,
und brachte demselbigen die Nachricht, daß einer
von den Zuhörern dieses Mannes in einer Privat-
disputation Sätze aufgegeben, die mit den gewöhnli-
chen Begriffen nicht überein kämen. Es machte sich
dieser Student auch sogleich anheischig, die Wahrheit

heit seiner Nachricht mit einem Eyde zu bestärken. Hierauf hat man gleich Anstallten gemachet, an diesem Manne seine Bosheit auszulassen. Als mir aber mein Gönner die schreckliche Procedur, wie er es nennete, erzählen wollte, wurden wir von einem hereintretenden Fremden unterbrochen. Es durchlief mich bey dieser Erzählung ein kalter Schauer. Ich stellete mir die betrübten Folgen in der menschlichen Gesellschaft mit einemmal vor, die alsdenn gewiß entstehen müssen, wenn akademische Lehrer ihren Zuhörern die Lust, Schaden zu thun, einflössen, oder doch dadurch stärken, daß sie ihrem unglücklichen Ausbruche nachsehen. Ein Menschenfreund, eine grosse Seele, ein Christ, würde dem erwähnten Studenten seine Bosheit auf das lebhafteste geschildert, und seinen schändlichen moralischen Charakter zu verbessern gesuchet haben.

Nunmehro habe ich das Bild eines würdigen akademischen Lehrers entworfen. Seine Züge sind reizend und erhaben. Aber sind sie auch deswegen nicht sehr selten? Wie klein ist nicht die

in ihrem wahren Flore.

die Anzahl jener grossen Menschen, denen die Vorsehung ausser einem ausserordentlichen Genie, ein edles Herz, tiefe Einsichten in die Wissenschaften, und Lust und Geschicklichkeit zu einem deutlichen und ordentlichen Vortrage verliehen hat? Wie wird man also solche akademische Lehrer bekommen, als ich geschildert habe. Die Sache ist sehr schwer. Sie ist aber einem weisen Regenten, der das Glück seines Staates ernstlich zu befördern suchet, nicht unmöglich. Der Himmel krönet immer die Anschläge und Anstalten eines solchen erwünschten Fürsten durch einen glücklichen Fortgang und ein vortheilhaftes Ende. Ich bin überzeugt, daß die Grossen ihren Universitäten wahrhaftig grosse Lehrer verschaffen können,

1) wenn sie selbst für die Gelehrsamkeit, die Tugend, und ihre wahren Bekenner Achtung hegen, und diese durch Ertheilung verschiedener Vorzüge im Range an den Tag legen;

2) wenn sie akademischen Lehrern einen zulänglichen Gehalt bestimmen,

3) wenn

3) wenn sie den grossen Genies unter den akademischen Lehrern den Weg zu gröffern Ehren- und Staatsämtern nicht versperren, sondern auch glänzendere Ehrenstellen angedeyhen lassen, nachdem sie eine Zeitlang ihre zu erhabenern Unternehmungen tüchtigen Kräfte zum Nutzen der Jugend verwendet haben; und

4) wenn sie Pflanzschulen errichten wollten, in welchen diejenigen Anfänger und Verehrer der Wissenschaften, die einen erhabenen Geist, eine aufrichtige Liebe zu nützlichen Wahrheiten, eine Arbeitsamkeit und Lust zum Vortrage zeigen, in denjenigen Stücken besonders geübet werden, in welchen die Lehrer auf Akademien ihre Stärke haben müssen.

Dies wird nun wohl von der Vollkommenheit akademischer Lehrer, und der Art, wie man sie bekommen kann, hinreichend seyn. Ich muß also im Folgenden zeigen, was für Anstalten zu machen sind, damit auch die Jugend die Lehrer fleißig besuchet, die Wissenschaften nützlich treibet, und sich durch

edle

edle Sitten hervorthut. Es kommt hier alles auf wichtige Bewegungsgründe an, studierende Jünglinge zu jenen grossen Absichten zu ermuntern. Hierzu aber ist die Verbindlichkeit der Studierenden, Zeugnisse ihrer Lehrer von ihrem Fleiße und Wohlverhalten aufzuweisen, und die ihnen auferlegte Pflicht, öffentlich zu disputiren, gar nicht hinreichend. Die Erfahrung bestätiget dieses deutlich, und die oft gar zu niedrige Denkungsart vieler Lehrer machet uns den Grund dieser Erfahrung begreiflich.

Ich will hier einige Vorschläge thun, die der Aufmerksamkeit und des höhern Nachdenkens der Grossen nicht ganz unwürdig zu seyn scheinen. Wollte GOtt! daß ich redliche und scharfsinnige Männer ermuntern könnte, in diesem wichtigen Punkte noch etwas besseres ausfindig zu machen. Patrioten haben wahrhaftig die grösseste Ursach, das Uebel recht zu Herzen zu nehmen, welches einem Staate dadurch zuwächst, wenn er solche Jünglinge von Universitäten zurück bekömmt, deren Geist und Herz nur schlecht gebildet ist. Talente, Tugenden und Verdienste werden gewiß Seltenheiten, und fliehen den Staat gänzlich, wenn jene schwache und unedle Jünglinge ihre Häupter in den Staats- und Kirchenbedienungen endlich empor heben.

Mein erster Vorschlag, die studierenden Jünglinge zum Fleiße und zu edlen Sitten zu ermuntern, ist dieser:

1) Man errichte auf der Universität eine Gesellschaft angehender Patrioten zur Uebung des Verstandes, zur Beförderung der Künste und des gemeinen Besten.

2) Die ordentlichen Mitglieder sind nur allein studierende Personen. Ihr nothwendiger Charakter ist der Eifer, in nützlichen und gründlichen Wissenschaften stark zu werden, und sich durch Tugend verehrungswürdig zu machen. Die oberste Aufsicht über diese Gesellschaft träget der Landesherr einem Lehrer auf, der ein patriotisches Herz, ein zu grossen Bemühungen bestimmtes Genie, und tiefe Einsichten in
gründ-

gründlichen und nützlichen Wissenschaften besitzet.

3) Die Glieder machen nach der Verschiedenheit der Haupttheile der Gelehrsamkeit verschiedene Classen, und in einer jeden ist ein Lehrer der Universität Vorsitzer. Kann man aber einen Mann finden, der das Wesentliche aller höhern Wissenschaften in seiner Gewalt hat, so ist es dem Flor der Gesellschaft weit zuträglicher, wenn dieser das Amt des Vorsitzers in der ganzen Gesellschaft verwaltet.

4. Die Glieder kommen einen Tag in der Wochen einige Stunden mit ihrem Vorsitzer zusammen, da denn über Sätze, welche ein Mitglied, an welchem die Reihe ist, nach seinem Gefallen aufgiebt, und einige Tage zuvor an ein Paar andere Glieder überschicket, disputiret, und alsdenn über eine gewisse Materie eine Abhandlung vorgelesen und von den übrigen Gliedern und dem Vorsitzer geprüfet wird.

5) Die

5) Diejenigen Glieder, welche sich besonders ben eigentlich sogenannten nützlichen Wissenschaften, der gesamten Physik, Chymie, Oeconomie, und andern von der Art widmen, werden von dem Vorsitzer angewiesen, nützliche Bemerkungen und Versuche anzustellen.

6) Damit auch der Staat, worinnen eine solche Gesellschaft blühet, unmittelbare Vortheile davon erhalte, und die Studierenden Anlaß bekommen, ihre theoretische Erkänntniß zum Nutzen der Welt praktisch anzuwenden, so muß der Vorsitzer mit diesen Gliedern zu einer solchen Zeit, da keine Vorlesungen auf der Universität gehalten werden, die verschiedenen Gegenden des Landes besehen, um entweder im Reiche der Mineralien zum Vortheil des Bergwesens, oder im Reiche der Pflanzen zum Nutzen der Landwirthschaft nützliche Entdeckungen zu machen, und dieselbigen höhern Nachdenken zu unterwerfen.

7) Die Gesellschaft, oder vielmehr die Classe der nützlichen Wissenschaften, setzet alle Jahre einen Preiß von einem, oder ein Paar Tutzend Thalern

Thalern auf die beste Arbeit eines Künstlers, Handwerkers, oder Landwirthes, welche sie verlanget haben wird. Auf diese Art verschaffet man den Gliedern dieser Classe eine Fertigkeit, auf nützliche Verrichtungen aufmerksam zu seyn, und eine überwiegende Neigung, auch andere zu Beförderung des gemeinen Besten aufzumuntern.

8) Die Gesellschaft muß alle Vierteljahre einmal öffentlich zusammen kommen, und einige Glieder aus verschiedenen Classen derselbigen würden die Aufmerksamkeit der Zuhörer mit gründlichen Abhandlungen über vortrefliche Wahrheiten, oder mit reizenden und nützreichen Versuchen unterhalten. Dies ist eine Ehre, die gewiß viele Jünglinge auf einer Universität zu dem würdigsten Fleiße aufmuntert. Um ihren Reiz noch mehr zu vergrössern, sorget der Vorsitzer der Gesellschaft dafür, daß die wohlausgearbeiteten Schriften der Glieder der Welt öffentlich durch den Druck bekannt gemachet werden.

C 4   9) Das

9) Das Geld, welches die Gesellschaft für die Arbeiten ihrer Glieder bekommt, wird zur Beförderung des Fleisses der Glieder und zum gemeinen Besten unmittelbar angewendet. Es wird nemlich alle Viertel- oder Halbejahre eine Preißfrage aufgegeben, und dasjenige Mitglied, welches nach dem Urtheile des Aufsehers und des Vorsitzers die beste Antwort gegeben hat, erhält den ausgesetzten Preiß in Büchern. Von dem übrigen werden die Preißausgaben zur Beförderung nützlicher Arbeiten, davon ich vorher in der 7ten Nummer geredet habe, bestritten.

10) Die Gesellschaft müßte auch das Recht haben, Künstler, Handwerke und Landwirthe zu ausserordentlichen Mitgliedern aufzunehmen, und die Classe der nützlichen Wissenschaften müßte wenigstens alle Monate einmal mit denjenigen zusammen kommen, die an dem Orte der Gesellschaft gegenwärtig sind, theils, um sich durch die Erfahrung dieser Leute in nützlichen Dingen zu unterrichten; theils auch denenselbigen aus der Physik und Chymie bessere Vortheile zur Betreibung ihrer Beschäftigungen an die Hand zu geben.

11) Da-

11) Damit die studierenden Personen ausser dem Nutzen, den eine solche Gesellschaft verspricht, auch eine besondere Ehre durch den Eintritt in diese Gesellschaft, dieses grosse Reizungsmittel nützlicher Unternehmungen, erwarten könne, so würdiget der hohe Ernährer der Universität die Gesellschaft der Gnade, den reizenden Nahmen ihres höchsten Beschützers zu führen, und eine gnädige Vorsorge für dieselbige zur Beförderung ihrer rühmlichen Endzwecke zu tragen.

12) Man räumt der Gesellschaft das Recht ein, vornehme und grosse Männer zu Ehrengliedern zu ernennen.

13) Der Regent könnte mit dieser Gesellschaft einen Orden verbinden, der den Nahmen: Der Orden des beglückten Fleisses, oder einen andern vielleicht noch reizendern führen könnte. Man müßte das ehrenvolle Zeichen dieses Ordens denenjenigen Gliedern dieser Gesellschaft ertheilen, welche sich dem Zwecke derselbigen gemäß an Eifer, in den Wissenschaften groß zu werden, und an edlen Gesinnungen vor andern

hervorthun. Vielleicht würden diejenigen desselbigen würdig seyn, welche durch ihre eigene Kräfte etwas nützliches entdecken, oder welche den Preiß, der auf die beste Abhandlung alle Vierteljahre aufgesetzet wird, zwey bis dreymal erhalten haben. Zu desto grösserer Aufmunterung könnte der Regent einen vornehmen Mann, der im Staate ein grosses Ansehen hat, zum Ordensmeister ernennen.

Sollte ich wohl nöthig haben, die erwünschten mächtigen Wirkungen dieser Gesellschaft auf den Geist und das Herz studierender Jünglinge weitläuftig zu schildern? Man darf nur die Absichten derselbigen und die Verrichtungen ihrer Glieder mit einer geringen Aufmerksamkeit betrachten, so wird man alsobald wahrnehmen, daß ein durch regelmäßige anhaltende Uebung in allerley Wissenschaften gestärkter Geist, und ein zu nützlichen Unternehmungen, zu Unternehmungen für das Wohl der Welt angewöhntes Herz, die Früchte derselbigen sind. Es hat aber über dies die innere und äussere Gestalt der Gesellschaft die stärksten Reizungsmittel, die Studierenbierenden zum Eintritte in dieselbige zu bewegen. Daher kann man auch die gewisseste Hoffnung haben, daß sehr viele Jünglinge in gründlichen und nützlichen Wissenschaften und edlen Sitten vortreflich gebildet werden; die vielleicht sonst auf immer zu kleinen Gedanken und niedrigen Beschäftigungen wären gewöhnt worden.

Man hat auch nicht zu befürchten, daß die Errichtung einer solchen Gesellschaft der guten Ordnung zuwider sey, welche auf einer Universität zwischen den Lehrern und den Lernenden statt finden muß. So wenig teutsche, und andere Sprachgesellschaften das Recht des akademischen Senates über die studierenden Personen einschränken; eben so wenig thut dieses die von mir vorgeschlagene patriotische Gesellschaft. Der Vorsitzer und die ganze Gesellschaft haben über ihre Glieder gar kein Zwangsrecht, sondern bleiben gegen den Senat in eben der Verhältniß, darinnen sie vorher waren. Sie stellen nur gesellschaftlich die erhabensten Uebungen würdiger Verehrer der Weisheit und Tugend an.

Es wird alſo der Errichtung einer ſo nutzreichen Geſellſchaft auf Univerſitäten nichts entgegen ſtehen, wenn es nicht die Geſinnungen der Lehrer ſelbſt ſind. Vielleicht aber ſiehet hier ein Patriot das größte Hinderniß. Werden nicht einige Lehrer befürchten, daß die Welt ſtudierenden Jünglingen, Gliedern dieſer Geſellſchaft, als Verfaſſern nützlicher Schriften, und als angehenden Beförderern des gemeinen Beſten eine gröſſere Achtung bezeigen werde, als ihnen, und ihren gelehrten, aber von dem Wohl der menſchlichen Geſellſchaft weit entfernten Bemühungen? Werden nicht andere der Gründung einer ſolchen Geſellſchaft, die ganzen Staaten unendliche Vortheile verſpricht, darum widerſtehen, weil ſie weder den Plan dazu entwerfen, noch demſelbigen gemäß der Geſellſchaft vorſtehen können? Wird endlich nicht eine dritte Parthey auf den Ruhm des Vorſitzers dieſer Geſellſchaft eiferſüchtig ſeyn, oder wohl gar die ſich zu ihrem Nachtheil vergröſſernde Anzahl ſeiner Zuhörer mit neidiſchen Augen anſehen? Werden alſo nicht immer auf einer Univerſität ſolche Männer ſeyn, die ſich der Errichtung einer

ſolchen

solchen Gesellschaft aus allen Kräften entgegen setzen, und, um ihren Endzweck zu erreichen, dieselbige mit den häßlichsten Farben schildern werden? Ich muß es in der That einräumen, daß ein Patriot gegründete Ursachen hat, alles dieses zu befürchten. Allein soll man deswegen seine Hofnung, auf Universitäten solche Gesellschaften blühen zu sehen, ganz sinken lassen? O nein! Die Vorsehung schenket den Staaten noch hie und da solche grosse Regenten und solche würdige Ministers, welche Geist und Herz genug haben, der tausendfältigen Hindernisse kleiner Seelen ungeachtet die erhabensten Endzwecke auszuführen.

Nun will ich noch einen andern Vorschlag beyfügen, wie man, meinen geringen Einsichten nach, die studierenden Jünglinge zu einem vorzüglichen Fleisse auf einer Universität ermuntern könnte.

1) Man mache unter denen, welche von Universitäten zurück kommen, nach der Verschiedenheit ihrer Geschicklichkeiten verschiedene Classen.

2) Man

2) Man gestehe denenjenigen, welche aus einer höhern Claſſe ſind, einen gewiſſen Rang über die andern in Geſellſchaften und andern öffentlichen Zuſammenkünften, und den Vorzug bey Beſetzung der Aemter und Ertheilung der Bedienungen zu.

3) Man könnte vielleicht auch nach dem Beyſpiele der Chineſer verordnen, daß ſich dieſe Claſſen durch gewiſſe äuſſerliche Zeichen unterſcheiden.

4) Nun ſetze man eine Commißion nieder, die aus Männern von groſſem Geiſte, gründlicher Wiſſenſchaft und patriotiſchen Geſinnungen beſtehet, und laſſe ſie diejenigen Leute, welche von Univerſitäten zurück kommen, ſtreng examiniren.

5) Diejenigen, welche dieſe Prüfung ausſtehen, müſſen nun, nachdem ſie ſich gezeigt haben, in eine von den beſtimmten Claſſen geſetzet werden.

Wie

in ihrem wahren Flore.

Wie würde sich nicht ein jeder bemühen, die Zeit auf Akademien so anzuwenden, daß er bey seiner Zurückkunft ins Vaterland eine Stelle in der obersten Classe erhalten könne? Wem sollte es wohl angenehm seyn, in Gesellschaften, und an allen öffentlichen Orten durch das hierzu bestimmte äusserliche Zeichen jedermann zu erkennen zu geben, daß man seine Zeit auf Universitäten nur schlecht angewendet habe?

Bisher habe ich gezeiget, wie die erste Absicht einer Universität, nemlich die Verbesserung des Geistes und des Herzens der studierenden Jugend, glücklich erreichet werden kann. Ich will nun auch von den Anstallten reden, welche auf einer Universität zur Beförderung des Flores der Wissenschaften gemachet werden müssen. Eine Universität, welche sich um diesen erhabenen Endzweck nicht eifrigst bestrebet, mag ihren Ruhm niemals in seinem hellesten Glanze verbreiten. O wie groß würde nicht meine Zufriedenheit seyn, wenn meine geringen Vorschläge, meinen redlichen Absichten

ſichten gemäß, zu dieſer unſterblichen Ehre der Univerſitäten etwas beytragen könnten!

Man kann die Wiſſenſchaften auf mannigfaltige Art bearbeiten. Man kann ihr Gebiete erweitern; man kann ſie von Verwirrung, Unordnung und Ungewißheit reinigen; man kann endlich zum Nutzen und Vergnügen der Menſchen Meiſterſtücke aus denſelbigen liefern. Man mag aber auf die eine, oder die andere Abſicht ſehen; ſo wird man mir einräumen, daß ſie nur durch eine geſellſchaftliche Vereinigung würdiger Männer in ihrer gröſſeſten Vollkommenheit erreichet werden können. Es müſſen alſo auf einer Univerſität vollkommene Geſellſchaften der Wiſſenſchaften errichtet werden, wenn ſie den erhabenen Ruhm einer Verbeſſerin der Wiſſenſchaften behaupten will.

Es iſt aber gar nicht gleichviel, wie dieſe Geſellſchaften eingerichtet ſind. Wenn man unpartheyiſch urtheilen will, ſo muß man die Verfaſſung der meiſten Geſellſchaften und Akademien der Wiſſenſchaften, welche bisher die Augen der Welt auf sich gezogen haben, für sehr unvollkommen halten. Sie nennen sich zwar Gesellschaften. Es fehlet ihnen aber das fürnehmste Merkmal einer Gesellschaft, ich meyne jene genaue Vereinigung, dadurch die Glieder ihre Kräfte zusammen genommen nur als eine einzige brauchen, um die gemeinschaftliche Hauptabsicht besto vollkommener befördern zu können.

Das ist nur eine vollkommene Gesellschaft der Wissenschaften, da einer nicht niederreißt, was der andere aufbauet, sondern da der eine den Grund leget, und der andere das Gebäude auf demselbigen fortführet. Damit nun eine Gesellschaft der Wissenschaften eine so fürtreffliche Vereinigung ihrer Glieder in sich darstelle; so muß sie unter der Aufsicht eines solchen Mannes arbeiten, der die vollkommenste Einsicht in die Wissenschaften besitzet, mit denen sie sich beschäftigen will, und der durch ein erhabenes Genie mächtig ist, die Mittel zur Verbesserung und zur Erweiterung derselbigen in ihrer größten möglichen Vollkommenheit ausfindig zu machen. Dieser würdige Aufseher müßte mußte sich solche Glieder zugesellen, die ebenfalls einen unverfälschten Ruhm einer grossen Geschicklichkeit in den Wissenschaften der Gesellschaft behaupten. Nun müßten diese vortreflichen Männer vor allen Dingen ein System von ihrer Wissenschaft abfassen, in welchem alle ihre wesentliche Lehren deutlich zu bestimmen wären, damit die Glieder dieser Gesellschaft ihre gelehrten Arbeiten immer nach einem so beständigen Leitfaden in einem den Wissenschaften dienlichen Zusammenhange einrichten können. Es erfordert aber die Ordnung, daß die Gesellschaft eine Lehre ihrer Wissenschaft nach der andern, so wie sie in dem Systeme mit einander verknüpfet werden mußten, vollkommen bearbeite. Dies ist der einzige Weg, die Vollkommenheit einer Wissenschaft im Ganzen zu befördern. Die ganze Gesellschaft muß die Abhandlungen ihrer Glieder auf das strengste beurtheilen, damit die vollkommenste Uebereinstimmung der Gedanken aller Glieder in demjenigen, was zu ihrer Wissenschaft gehöret, statt finden möge. Das heißt in der That gar nicht gesellschaftlich arbeiten, wenn ein Glied einer

in ihrem wahren Flore.

einer Gesellschaft seine Meinung über eine gewisse Materie eröffnet, die übrigen aber nur bloße Zuhörer abgeben, ohne mit jenem gemeinschaftlich darüber nachzudenken und sich um eine übereinstimmende Ueberzeugung zu beeifern. Es können aber auch andere die Gesellschaft zur Erweiterung ihrer Wissenschaft auf nützliche Gedanken leiten. Daher ist es ihrem Endzwecke sehr gemäß, bisweilen andere Gelehrte durch reizende Preiße zur Beantwortung wichtiger Fragen aufzumuntern, und dieselbigen denen zuertheilen, welche die Aufgaben der Gesellschaft am besten und auf eine würdige Art aufgelöset haben. Es ist in Ansehung dieses Punktes eine Hauptpflicht der Gesellschaft, daß sie ihr Versprechen auf das heiligste erfülle, und zu der von ihr bestimmten Zeit die wegen des Preißes eingelaufene Schriften beurtheile, und der besten unter denselbigen den Preiß zuerkenne, oder doch der Welt den Grund der Vorenthaltung dieses Preißes deutlich eröffne. Preiße aussetzen, Abhandlungen deswegen annehmen, alsdenn aber, wenn die zur Austheilung des Preißes bestimmte Zeit herbeykömmt,

sowohl

sowohl von den Abhandlungen als auch von dem Preisse schweigen, und vielleicht gar nicht einmal die vorher festgesetzte Zusammenkunft halten, dies heißt die Welt äffen, und nur das Ansehen haben wollen, eine patriotischgesinnte Gesellschaft vorzustellen. Die Früchte eines solchen Betragens sind eine unausbleibliche Schande, welche den nachherigen, auch vielleicht löblichen Bemühungen einer Gesellschaft grosse Hindernisse entgegen setzet.

Blühet auf einer Universität in einer jeden Wissenschaft eine solche Gesellschaft, wie ich sie jetzt beschrieben habe, so wird man das Wachsthum der Gelehrsamkeit augenscheinlich merken können, und viele Streitigkeiten, die der Welt das grösseste Aergerniß geben, ohne zur Vollkommenheit der Wissenschaften etwas beyzutragen, können zur Ehre der Gelehrten, zum unsterblichen Ruhme einer Universität unmöglich gemachet werden.

Nun will ich mich der letzten Hauptfrage nähern, worauf man neinlich zu sehen habe,

habe, wenn die Univerſität den Reichthum des Staates vollkommen befördern
ſoll. Ich will den gröſſeſten Eifer in der Aus-
wickelung derſelbigen zeigen. Patrioten werden
vielleicht die Mängel meiner Gedanken, von
edlen Geſinnungen angeflammet, weiter zu ver-
beſſern ſuchen, und dies iſt es eben, was ich
zum Vortheil der Univerſitäten ernſtlich wünſche.

Soll eine Univerſität den Staat berei-
chern, ſo muß ſie ſo eingerichtet ſeyn,
daß ſie von vielen, von vornehmen und
reichen Studierenden beſuchet wird, und
daß die Lehrer ſelbſt ſolche Beſchäftigun-
gen unternehmen, welche unmittelbare
Quellen zum Reichthume des Staates eröffnen.

Damit die zweyte Abſicht auf einer Univerſität erreichet werde, ſo muß eine Akademie nützlicher Wiſſenſchaften ihren glor-
reichen Sitz auf derſelbigen haben. Ich
empfinde an dem ächten Bilde einer ſolchen
Akademie ein ſo reizendes Vergnügen, daß

ich nicht umhin kann, dasselbige hier zu entwerfen.

Die Hauptabsicht dieser Akademie ist auf die Erforschung der Mittel und der kräftigsten Anstallten zum gemeinen Besten der Staaten gerichtet. Da nun die Sicherheit und die Bequemlichkeiten des menschlichen Lebens zusammen genommen das grosse Augenmerk eines Staates darstellen, so werden die Glieder dieser Akademie ihre gelehrten Bemühungen nur denenjenigen Wissenschaften vorzüglich widmen müssen, welche den Menschen Quellen des Ueberflusses eröffnen, und die wahren Kräfte und Anstallten zur vollkommenen Sicherheit deutlich zeigen. Es gründen sich aber die Bequemlichkeiten des Lebens und der Reichthum des Staates auf die Producte der Natur, und die Werke des Fleisses und der Kunst: So wie die Sicherheit nicht nur ein rechtschaffenes Verhalten der Unterthanen gegen einander und gegen ihren Regenten, sondern auch ein weises und kluges Betragen des Beherrschers gegen seine Unterthanen und gegen auswärtige Staaten, und hinreichende Verstärkungen der Kräfte des Staates wider die Gewalt und die Ungerechtigkeiten auswärtiger Feinde nothwendig erfordert. Man siehet also, daß eine Akademie nützlicher Wissenschaften, wofern sie anders in ihrer gröſseſten Vollkommenheit erſcheinen ſoll, aus Kennern, Erforſchern, und Zergliederern der Natur, aus Mathematikern, aus Männern, die in das Bergweſen, in die Landwirthſchaft, in die Handwerke und Künſte, und in die Handlung eine tiefe Einſicht haben, ferner aus groſsen Moraliſten, aus gründlichen Kennern der Welt und der Merkwürdigkeiten der Staaten, und aus einſichtvollen Verehrern der geſamten Staats= und Regierungswiſſenſchaften, zuſammen geſetzet ſeyn müſſe.

Nun müßten verſchiedene Claſſen unter dieſen Gliedern der Akademie gemachet werden. Die eine müßte die unterirdiſche Producte im Staate unterſuchen, und zum Vortheil des Bergweſens nützliche Verſuche machen. Auch würde ſie zur Verbeſſerung der Fabriken oder zur Gründung derſelbigen das meiſte beytragen können.

können. Eine andere würde sich blos mit Erforschung der Natur der Pflanzen, ihres vollkommenen Anbaues, und ihrer besten Nutzung zur Aufnahme des Feldbaues und der Manufakturen zu beschäftigen haben. Der dritten könnte man die Bearbeitung der Physik der Thiere zum Nutzen der Viehzucht und zur Verschönerung derer Producte, welche aus thierischen Materialien zubereitet werden, anvertrauen. Die vierte könnte sich besonders mit denenjenigen Beschäftigungen und Künsten einlassen, deren Gegenstände sowohl unterirdische Producte, als auch Materialien aus dem Pflanzen- und Thierreiche seyn können. Hieher gehöret vornemlich die Färberey. Die fünfte müßte sich mit der praktischen Mathematik, insbesondere mit der Civil- und Kriegsbaukunst, mit dem Wasser- und Bergbau, und andern solchen nützlichen Theilen beschäftigen. Die sechste Classe würde sich bemühen, den Zustand der Handlung des Staates nach seinen Vortheilen und Mängeln deutlich einzusehen, die Ursachen der letzten zu erforschen, und die Mittel ausfindig zu machen, wodurch der Staat seine Hand-

Handlung in diesem oder jenem Stücke blühend machen kann. Die siebende Classe müßte die Policey- und Regierungswissenschaft ihr Hauptaugenmerk seyn lassen, und die Maximen derselbigen durch das Besondere des Staates nützlich bestimmen.

Wenn nun eine jede Classe die neuen Bearbeitungsarten und Vorschläge, welche sie dem Nutzen des Staates gemäß zu seyn erachtet, dem Regenten bekannt machen müßte; so würde es demselbigen leicht fallen, die vollkommensten Regulative zum Vortheil des Nahrungsstandes an seine Unterthanen ergehen zu lassen; und überhaupt die zum Wohl des Staates erforderlichen Anstallten in ihrer grössesten möglichen Vollkommenheit zu treffen.

Es würde auch von dem allergrössesten Nutzen seyn, wenn der Regent die Glieder dieser unschätzbaren Akademie zu Aufsehern, oder Directorn der verschiedenen Oeconomien, Handwerke und Künste ernennen wollte. Einige müßten Landwirthschafts Inspectoren seyn; andere wären Manufactur- und Handwerks Inspectoren; noch andere verwalteten das Amt der Commercien Inspectoren u. s. w. Würden nicht bey einer solchen Einrichtung die Landwirthe, die Handwerksleute, Künstler, und Kaufleute die schönste Gelegenheit haben, ihre Erkänntniß zum Vortheil ihres Gewerbes und ihrer Handthierungen zu erweitern, und auf diese Art den Zweck ihrer Arbeiten in grösserer Vollkommenheit zu erreichen? Und würden nicht die Gelehrten aus den Erfahrungen dieser Leute immer neue Einsichten zum Vortheil des Nahrungsstandes schöpfen können? Hier ist in der That eine Harmonie, aus welcher sich die reinesten Ströme des Seegens über den Staat ergiessen, und welche der würdigste Gegenstand der Wünsche eines Patrioten genennet zu werden verdienet.

Jedoch es können sich die Universitäten noch nicht so bald Hofnung machen, ihren Ruhm durch eine so vollkommene Akademie verherrlichet zu sehen. Diejenigen Gelehrten sind noch gar zu seltene Männer, welche ihr Vergnügen darinnen su-

in ihrem wahren Flore.

chen, nur Einsichten zur unmittelbaren Vergrösserung des gemeinen Besten zu erlangen, durch ihre Wissenschaften die Aufnahme des Nahrungsstandes zu befördern, und das Elend der menschlichen Gesellschaft zu vermindern. Man widmet seine Kräfte noch allzusehr den speculativischen Untersuchungen. Man glaubet noch gar zu steif, ein Gelehrter von einem grosen Werthe zu seyn, wenn man nur seinem Gedächtnisse ein grosses Register von Gesetzen und Gewohnheiten mühsam einverleibet hat. Es ist aber nur grosen Regenten und ihren würdigen Ministern vorbehalten, diese Vorurtheile auf die kräftigste Art zu unterdrücken.

Eine Universität ist schon glücklich, wenn sie unter ihren Lehrern eine Gesellschaft aufblühen siehet, die nur die nothwendigsten Absichten der vorher geschilderten Akademie zu erreichen sich ernstlich bestrebet. Eine Gesellschaft, welche die Physik und Chymie auf die Landwirthschaft, und zur Verbesserung der Handwerke, Manufacturen und Fabriken anwendet, ist schon im Stande, einem Staate die ersprieslichsten Dienste zu leisten,

leisten, und die Ehre der Universität weit ausbreiten.

Wo soll aber eine solche Gesellschaft, so werden hier viele fragen, den nöthigen Aufwand zur glücklichen Erreichung ihrer Absichten finden? Sie braucht ein Landguth und Gärten, um die Landwirthschaft befördern zu können; sie brauchet eine chymische Werkstätte, und sowol physikalische, als chymische Instrumente; sie hat auch eine baare Geldsumme nöthig, um zum Vortheil der Handwerke und Künste nützliche Versuche anstellen zu können, und ihre arbeitenden Mitglieder zu besolden.

Ich gestehe es, diese nothwendige Unterstützung der Gesellschaft machet die grösseste Schwierigkeit, und vielleicht ist sie es, welche auf den meisten Universitäten der Errichtung einer solchen Gesellschaft im Wege stehet. Ich will mich erkühnen, einen Vorschlag zu thun, wie man den nöthigen Fond für eine so nützliche Gesellschaft zusammen bringen könnte, ohne daß man ihn blos von der Regierung zu erwarten hat.

Da

in ihrem wahren Flore.

Da die Beschäftigungen dieser Gesellschaft dem ganzen Staate zum Nutzen gereichen, so wird es der weiseste und billigste Befehl des Regenten seyn, daß ein jedes Dorf im Staate, und ein jedes Handwerk in den Städten, eine jährliche Summe, die ihren Einkünften gemäs ist, einige Jahre hinter einander erlegen müßte. Die Universität selbst müßte aus ihren eigenen Mitteln die bestimmten Jahre hinter einander ebenfals einen jährlichen Beytrag thun. Es würde ihr zur größten Schande gereichen, wenn sie nicht die erste zur Beförderung dieser erhabenen Absicht seyn wollte.

Ein jeder Lehrer auf der Universität würde verpflichtet seyn, die gesetzte Zeit über eine jährliche Abgabe nach seinem Vermögen zu entrichten. Und würde er wohl jemalen weniger edelmüthige Gesinnungen zeigen können, als wenn er sich dieser Ausgabe entziehen wollte? Wollte GOtt, daß ich den glücklichen Zeitpunkt erlebte, entweder auf der hiesigen, oder einer andern teutschen Universität eine solche Akademie nützlicher Wissenschaften, die ihrem Endzwecke gemäs eingerichgerichtet wäre, gründen zu sehen! ich wollte, ob ich gleich ein Privatlehrer bin, und meinen nothdürftigen Unterhalt durch meine Arbeiten suchen muß, ich wollte mit verdoppelten Kräften, mit unabläßigem Eifer arbeiten, um einen jährlichen Beytrag zur Beförderung dieser dem gemeinen Besten der menschlichen Gesellschaft so vortheilhaften Anstalten entrichten zu können. Ich weiß, daß die Vorsehung diesen Aufwand und mich mit Seegen bekrönen würde. O! wenn doch die Vorsehung meine redlichen Wünsche, welche noch tausend Patrioten mit mir zugleich thun, bald erfüllen wollte!

Sollte man endlich nicht auch von dem Regenten selbst und von seinen vornehmen Bedienten eine Beyhülfe zur Gründung einer so nutzreichen Gesellschaft hoffen dürfen? Ich zweifele hieran um desto weniger, je mehrere Früchte der Regent selbst durch diese Gesellschaft aus dem Staate einerndten kann.

Es wäre also gar keine schwere Sache, in wenigen Jahren ein Grund-Capital zusammen zu bringen,

gen, von welchem man die Nothwendigkeiten der Gesellschaft bestreiten könnte. Ist die Gesellschaft einmal in Flor, so werden sich vielleicht bald neue Quellen eröffnen, aus welchen sie ihre Einkünfte vergrössern kann. Sie wird ihre nützlichen Versuche und Vorschläge der Welt durch den Druck bekannt machen können. Es werden sich ohne allen Zweifel genug Verleger finden, welche ihre Arbeiten tüchtig bezahlen. Es würde vielleicht auch gar nichts unbilliges seyn, wenn diejenigen Personen, die eine von der Gesellschaft erfundene oder verbesserte Handthierung mit mehrerem Vortheile zu treiben anfangen, verbunden wären, wie es ohnehin ihre Dankbarkeit erfordert, eine gewisse den zu erlangenden grössern Vortheilen gemässe Summe an die Gesellschaft zu entrichten.

Ich wende mich nun zur letzten Aufgabe, was auf einer Universität für Anstalten zu machen sind, damit sie von vielen, vornehmen und reichen Studierenden besuchet werde.

Die erste Anstallt, die sehr vielen Anlaß geben kann, eine Universität zu beziehen, ist diese, daß man dem Universitätsorte, ausser seinen natürlichen Annehmlichkeiten, durch schöne Gebäude, Gassen, Gärten und Spaziergänge ein schönes Ansehen verschaffet. Ich bin gewiß, daß diese Denkmale einer weisen Regierung den Geist vieler Fremden so einnehmen, daß sie ihrer Neigung gemäß einen Ort von dergleichen Zierrathen vielen andern vorziehen.

Das zweyte Stück, auf welches die Sorgfalt einer klugen Policey bey den Universitäten gerichtet seyn muß, ist der geringe Preiß der Lebensmittel. Es ist ein sicheres Kennzeichen der Unachtsamkeit der Vorsteher der Policey, wenn sich auf Universitätsstädten eine Theurung anspinnet. Konnte man wohl dieser verderblichen Seuche eines Staates nicht zeitig vorbeugen? Ist denn die Anzahl der Studierenden, die gewiß desto mehr wächst, je wohlfeiler es an diesem Orte ist, ist, sage ich, diese immer zunehmende Anzahl der Studierenden nicht der

wichtig-

wichtigste Bewegungsgrund zu deren Verfassungen, die auf einen geringen Preiß der nöthigen Lebensmittel abzielen? Man rechne nur die grosse Geldsumme, und die Summe der guten Münzsorten, welche durch die Studierenden in dem Staate in Umlauf gebracht werden.

So wichtig aber diese beyden Anstalten zur Aufnahme einer Universität sind, so geringe sind sie doch gegen diejenigen, welche nicht sowohl den Universitätsort, als die Einrichtung der Akademie selbst betreffen. Ich will auch diese deutlich und patriotisch beschreiben.

Mein erster Vorschlag gehet dahin, daß der Beherrscher und Ernährer der Akademie auswärtige Gelehrte, die mit vielen vornehmen Personen in genauer Bekanntschaft sind, und Ansehen haben, zu öffentlichen Lehrern bestelle. Er wird ohne Zweifel seine Absicht erreichen, wenn er ihnen hinlängliche Besoldungen, welche ohnedies dem Staate nicht entwendet werden, und dabey wichtige Ehrenstellen ertheilen will. Wer siehet nicht,

nicht, daß, wenn man diesen Rath in Ausübung bringet, man einen sichern Weg zur Aufnahme der Universität erwählet. Ein Mann von Ansehen, der auswärts einen Werth hat, und durch einen nähern Umgang ein Gegenstand der Liebe und der Bewunderung der Ausländer geworden ist, ziehet gewiß sehr viele, die sich den Wissenschaften widmen, mit sich. Man hat schon aus diesem Grunde die gerechteste Ursach, eine Universität zu bedauren, wo die Lehrer lauter Eingebohrne des Landes sind. Es nimmt aber gar der Eifer, in den Wissenschaften groß zu werden, ab, und die Universität nähert sich ihrem Verfalle, wenn die Erblichkeit der Lehrämter gar Mode wird, und das Söhngen in der Wiege schon substituirter Professor ist.

Ich halte es aber zweytens zum Flor einer Universität für nöthig, daß die Lehrer auch in besondern Theilen der nützlichsten und auserlesensten Wissenschaften vollkommenen Unterricht geben. Wie muß nicht der Ruf einer hohen Schule wachsen, wenn die Theile der Cameralwissenschaften, die Landwirthschaftskunst, die Wissenschaft von den Handwerken, Manufacturen und Fabriken, die Handlungswissenschaft, die Bergwerkswissenschaften, die Policey- und Finanzwissenschaft auf eine vollkommene Art erkläret würden? Wie würde die Ehre einer Universität nicht zunehmen, wenn sich der eine oder der andere ihrer Lehrer bisweilen mit der Erklärung der Geschichte der vornehmsten teutschen Provinzen beschäftigte? Es würden zum Exempel die Geschichte der braunschweig lüneburgischen, der hollsteinischen, der mecklenburgischen und der übrigen Staaten, wenn sie bisweilen von geschickten Lehrern pragmatisch erzählet würden, die Landeskinder der erwähnten Staaten vorzüglich antreizen, sich lieber auf diese als auf eine andere hohe Schule zu begeben. Wie würde der Nahme einer Universität Auswärtigen, und besonders grossen und erleuchteten Männern verehrungswürdig werden, wenn die Staatswissenschaften und das europäische Völkerrecht gründlich und brauchbar auf derselbigen erkläret würden? Die Universität würde solche Studierende ziehen, welche in wichtigen Staatsangelegenheiten nützlich gebrauchet

E 2 werden

werden könnten, ohne daß sie nöthig hätten, durch lange Erfahrungen, und doch nur unvollkommen, gebildet zu werden. Eben so vortheilhaft würde es endlich seyn, wenn das Staats- und Lehnrecht dieses oder jenen besondern Staates und zum Nutzen derer, welche sich künftig mit der Justiz beschäftigen wollen, die Reichsgerichtspraxis, von vollkommenen Lehrern vorgetragen würden. Diese auserlesene Wissenschaften, die ich bisher angeführet habe, sind es hauptsächlich, welche studierenden Personen den Eingang in den prächtigen Tempel der grossen Weltgeschäfte, und der zum Besten der bürgerlichen Gesellschaften nöthigen Verfassungen, öffnen, und sie bis zu den erhabensten Heiligthümern desselbigen hinführen.

Doch ich sehe zum Voraus, wie viel man diesem Vorschlage entgegen setzen wird. Theils wird man die Kürze der Zeit vorschützen, welche denen akademischen Lehrern nicht erlauben würde, sich mit solchen besondern Wissenschaften einzulassen; theils wird man die geringe Anzahl der Zuhörer anführen, die sich bey einigen dieser

in ihrem wahren Flore.

dieser Wissenschaften finden dürften; theils wird man glauben, daß die meisten von den ange= führten Wissenschaften weit über die Gränzen der Einsichten akademischer Lehrer wären, und da= her auch nicht brauchbar vorgetragen werden könnten.

Es sey mir aber vergönnet, meine Antwort auf diese Einwürfe patriotisch zu eröffnen.

Es ist wahr, ein Lehrer, der nach der ange= nommenen Gewohnheit Jahr aus Jahr ein bey seinen einmal erwählten Vorlesungen bleiben will, kann sich freylich nicht mit solchen besondern Thei= len der Gelehrsamkeit beschäftigen. Warum will man aber hierinnen keine Aenderung machen? Da man doch durch selbige mehr zum Flor der Akademie beytragen kann. Es ist oft nur ein Ueberfluß, daß ein Lehrer eine bestimmte Wis= senschaft erkläret. Man würde seine Arbeit in derselbigen gar nicht vermissen, wenn er sie un= terließe. Sollte er nicht lieber diese Zeit einem besondern Theile der Gelehrsamkeit widmen, in welchem sein Unterricht nützlicher ist? Sollte er sich nicht um der Ehre der Universität willen eifrigst bestreben, in einer von den vorher angeführten auserlesenen Wissenschaften, oder in einer solchen, welche in jene einen grossen Einfluß hat, eine brauchbare Stärke zu erlangen, und nützlichen Unterricht darinnen zu ertheilen?

Was den zweyten Einwurf anbetrift, der von der geringen Menge der Zuhörer hergenommen wird, so antworte ich: Wenn nur ein Lehrer hinreichenden Unterhalt hat, so ist es der hohen Schule und dem Staate vortheilhafter, wenn er in einer noch nicht bearbeiteten nützlichen Wissenschaft wenige Zuhörer hat, aber durch seinen Unterricht die Jugend allmählig zu dieser Wissenschaft anlocket, und Fremde dadurch auf die Universität ziehet, als wenn er einen mehr bekannten und weniger nützlichen Theil der Gelehrsamkeit erkläret, und ganze Hunderte von Zuhörern zählen kann. Ich bin indessen überzeuget, daß die Anzahl der Zuhörer nicht so gering ausfallen würde, wenn nur der Lehrer einer solchen besondern Wissenschaft brauchbare Einsichten darinnen zeiget, und den Lernenden nützlich ist.

in ihrem wahren Flore.

Der dritte Einwurf, darinnen man sich auf den Mangel der Einsichten der akademischen Lehrer in den erwähnten auserlesenen Wissenschaften berufet, ist wohl der wichtigste. Ich muß es gestehen, daß man auf Universitäten sehr selten solche Gelehrte antrift, welche durch ihre Einsichten die Dunkelheiten der Künste, Handwerke, und der Landwirthschaft aufklären könnten. Eben so selten sind auch diejenigen, welche eine gründliche und pragmatische Erkänntniß in dem europäischen Völkerrechte, in der Regierungskunst und Staatswissenschaften haben. Allein woran liegt es, daß wir nicht auch in diesen Wissenschaften, so wie in den übrigen, weit weniger nützlichen, grosse Geister verehren können? Ich bin so dreist, die Schuld hiervon theils den Vorstehern der Universitäten, theils aber auch den Lehrern auf einer hohen Schule beyzumessen. Jene müßten die kräftigsten Mittel brauchen, Männer von einem grossen Genie zur Erlernung dieser vortreflichen Wissenschaften zu ermuntern, und in ihren Bemühungen zu un-

müßte lieber einige Zeit einem Theile seiner Bequemlichkeiten entsagen, um dieses grössern Guten, dieser Kräfte, dem Staate so grosse Dienste zu leisten, theilhaftig zu werden.

Man erlaube mir, daß ich nur kurz zeige, wie sich die Lehrer auf Universitäten in diesen Wissenschaften bilden könnten. Ich will zuerst auf die verschiedenen Wirthschaftskünste sehen. Diejenigen Gelehrten, welche die Physik und Chymie ihr Hauptwerk seyn lassen, würden in jenen Künsten sehr leicht eine brauchbare Stärke erlangen können, wenn sie nur bisweilen mit guten Landwirthen, und mit geschickten Künstlern und Handwerksleuten über ihre Beschäftigungen vernünftige Unterredungen anstellen wollten; wenn sie die besten öconomischen Schriften fleißig durchforschten, und endlich selbst mit Zuziehung der Gesetze der Physik und Chymie im Kleinen Versuche machten. Es ist nur ein anhaltender Fleiß nöthig. Dieser überwindet alle Schwieri

In

müßten bisweilen die Bergwerke besehen, und die dabey vorgehende Anstallten mit Aufmerksamkeit betrachten. Wir haben ja auch von Berg- und Schmelzwesen vortrefliche Schriften. Die Henkelischen, und besonders **Schlüters** Unterricht vom Hüttenwesen können einen fleißigen und nachdenkenden Naturforscher schon weit führen.

Was das europäische Völkerrecht, und die Verfahrungsart in auswärtigen Staatsangelegenheiten, oder die Staatskunst im engern Verstande anbetrift, so hat freylich ein akademischer Lehrer wenige, und vielleicht gar keine Gelegenheit, aus mühblichen Unterredungen mit Staatsleuten zu lernen. Haben wir aber nicht in diesem Fache die unvergleichlichsten Schriften, aus welchen ein glückliches Genie die Rechte und Normen der Völker, und die Art sie zu gebrauchen leicht lernen

reich die Staatsunterhandlungen mit dem größten Ruhme besorget haben, und die vortreflichen Briefe und Nachrichten des Grafen von Estrates, der die Geschäfte Ludwigs des Vierzehenden an verschiedenen Höfen mit ausnehmendem Beyfalle seines hohen Principales verwaltet hat, entdecken die Art sehr deutlich, wie man sich in wirklichen auswärtigen Staatsgeschäften zu verhalten hat. Ich könnte noch mehrere Quellen der Staatskunst nahmhaft machen, wenn ich hier einen vollständigen Unterricht geben wollte, wie man sich eine grosse Einsicht in diese Wissenschaft verschaffen muß. Es ist mir aber genug, daß man einsiehet, einem akademischen Lehrer sey es nicht unüberwindlich schwer, nützliche und gar praktische Vorlesungen über das Völkerrecht und die Staatskunst anzustellen. —

In Ansehung der innern Staatsgeschäfte ist es eben so wenig und noch weniger schwer, daß sich ein akademischer Lehrer eine gründliche und brauchbare Einsicht darinnen erwerbe. Wir sind von grossen Geistern, von einsichtsvollen Staatsmännern mit den vortreflichsten Werken der Regierungskunst beschenket worden. Einige legen uns

in ihrem wahren Flore. 75

die gemeinnützigsten Nachrichten von diesem oder jenem besondern Staate vor, und erhöhen den Werth derselbigen durch die scharfsinnigsten Betrachtungen aus der Politik. Andere führen selbst das Gebäude vollkommener Regierungsmaximen auf. Unter den ersten sind meinen geringen Einsichten nach folgende Schriften vom obersten Range: Die Nachrichten des unsterblichen Sully, eines Ministers, der von den edelsten Empfindungen glühete, und die Grösse seines Herrn, des grossen Heinrichs, und seine eigene Ehre nur in dem Glücke der Unterthanen Frankreichs suchte; die vor wenig Jahren zu Amsterdam in 5. Bänden herausgekommene politische Abhandlungen (Discours politiques à Amsterdam 1754 - 1757.) Schriften, daran sich ein Patriot, ein erhabenes Genie gewiß nicht satt lesen kann; das unvergleichliche Buch des von Ustariz, von der Handlung (Theorie & pratique du Commerce & de la Marine traduction libre de Don Geronymo de Vstariz à Hambourg 1753.) und das Werk des von Ulloa von den Manufacturen (Retablissement des Manufactures & du Commerce d'Espagne traduit de l'Espagnol de Don Bernardo de Vlloa à Paris 1752.) in welchen beyden Schriften die preiswürdigsten Verfasser, zwey grosse spanische Staatsleute, die wichtigsten Regierungsmaximen zur Beförderung des Reichthumes der Staaten entdecket haben. Von der zweyten Classe verdienen, so viel ich nach meinen wenigen Kräften urtheilen kann, des Herrn von Justi Staatswirthschaft, und Policeywissenschaft oben an gesetzet zu werden. Wenn auch ein akademischer Lehrer weiter nichts, als diese angeführten Schriften lesen wollte, so würde er sich doch hinreichend geschickt machen, studierenden Jünglingen die nützlichsten Einsichten in die Regierungskunst mitzutheilen.

Mein dritter Vorschlag zur Vermehrung der Studierenden auf einer hohen Schule, den auch schon die Herrn von Loen, und von Justi gethan haben, zielet darauf ab, daß es höchst nützlich sey, wenn die Wissenschaften umsonst gelehret werden. Ich mag auf die Lehrer oder auf die Lernenden sehen, so können beyde die herrlichsten Früchte davon geniessen. Wer die Begebenheiten, die sich auf Universitäten hier und da ereignen, nicht so obenhin betrachtet, der wird bald

in ihrem wahren Flore.

Lernenden die Bezahlung für ihre Vorlesungen zu fordern, eine Quelle von verschiedenen Unanständigkeiten seyn könne. Wie viele sind nicht, die stets mit Anschlägen schwanger gehen, andern ihre Zuhörer zu entziehen, und auf diese Art ihrem Brodneide Genüge zu thun? Lehret nicht die Erfahrung die unedelsten Ränke, die oft zu dieser Absicht angewendet werden? Der eine lästert den guten Nahmen, und die redlichen Bemühungen des andern. Man scheuet sich sogar nicht, selbst in den Hörsälen der Weisheit, wo man sich nur um die Wahrheit bewerben sollte, den Gift seiner neidischen Gesinnungen auszuspeien. Man machet die rechtschaffensten Männer lächerlich, und verwandelt die der stillen Untersuchung der Wahrheit gewidmete Tempel in Schauplätze tobender Affekten. Sind dieses nicht Uebel, welche der wahren Ehre der akademischen Lehrer zuwider sind? Und wo bleibt das Vergnügen, welches diese Lehrer mit vereinigten Kräften in der Freundschaft suchen sollten? Ist es ihnen nicht zur Schande, Glieder eines Leibes zu seyn, aus dem Wahrheit und Tugend auf das reineste strömen sollten; und doch einander selbst durch die

ben? Wie nun! Könnten weise Beherrscher und Versorger der Universitäten diesen Unordnungen nicht dadurch Einhalt thun, daß sie die erste Quelle derselben verstopften, und die Wissenschaften umsonst lehren liessen? So wichtig aber die Vortheile der Lehrer sind, die aus dieser Anstallt entspringen: So gros sind sie auch für die Lernenden und dem Staat. Jene ersparen vieles und können in den auserlesensten Wissenschaften sich gar besonderer Unterrichtungen bedienen. Dieser aber wird desto grösser, je mehrere Ausländer auf diese Universität zu gehen bewogen werden.

Man kann aber diesem Vorschlage drey Hauptpunkte entgegen setzen. Einmal, daß auf eine solche Art die Besoldungen der öffentlichen und Privatlehrer dem Staate beträchtliche Geldsummen kosten würden; zum andern, daß die Lehrer Gelegenheit zur Nachläßigkeit und Faulheit bekämen; und drittens, daß, wenn auch diese Einrichtung gemachet würde, jene niedrigen Bemühungen der Lehrer, die jetzt aus dem Brodtneide entspringen, aus dem Neide über die Ehre derer, die mehrere Zuhörer haben, folgen würden.

Was aber den ersten Punkt anbetrift, so gebe ich erstlich dies zu bedenken, daß es kein Schade für den Staat ist, wenn er einen Aufwand machet, der sich nicht über seine Gränzen ergiesset; zweytens, daß diejenigen Ausgaben des Staates, dadurch der Reichthum desselbigen vergrössert wird, ihm keine Last seyn können; und drittens, daß der Regent verschiedene Lehrer denen geistlichen, Policey- und Justizämtern in der Universitätsstadt vorsetzen, und also an diesen Besoldungen wiederum verschiedenes ersparen kann.

In Ansehung des zweyten Punktes erinnere ich nur, daß die befürchtete Nachläßigkeit der Lehrer auf einer solchen Universität nicht statt finden kann, wo der Hof ein aufmerksames Auge auf die Lehrer und ihre Beschäftigungen wendet.

Der dritte Einwurf scheinet mir der wichtigste zu seyn. Allein er wird doch leicht verschwinden. Wenn ein Lehrer seinen bequemen Lebensunterhalt hat, und einsiehet, daß er in dieser oder jener Wissenschaft wenige Zuhörer bekömmt, in welcher sich einem andern mehrere anvertrauen; so wird ihn die vernünftige Ehrbegierde reizen, seine Vorlesungen über einen solchen Theil der Gelehrsamkeit anzustellen, der noch nicht so gemein ist. Sind auch gleich nur wenige, die diesen Vorlesungen beywohnen, so kann er sichs nun zu keiner Unehre rechnen, daß ein anderer eine grössere Menge von Zuhörern zählen kann.

Die verschiedenen Wissenschaften haben nicht gleiche Verehrer.